Thomas Climacus

# Dau-Dau

Bibliografische Information der Deutschen Nationalbibliothek: Die Deutsche Nationalbibliothek verzeichnet diese Publikation in der Deutschen Nationalbibliografie; detaillierte bibliografische Daten sind im Internet über http://dnb.dnb.de abrufbar.



Verlag: BoD · Books on Demand GmbH, Überseering 33, 22297 Hamburg, bod@bod.de

Druck: Libri Plureos GmbH, Friedensallee 273, 22763 Hamburg

ISBN: 978-3-8192-9478-5

# Prolog

Dau-Dau.

Dau-Dau-Gedichte.

Deu-Dem-Dem

Deu-Dem-Dem

Malaposh

Posh-t

Deu-Dem-Dem

Deu-Dem-Dem?

Deu-Dem-Dem!

## Schaber-Neck

Neck Neck Neck

Neck

Schaber

Neck-Schaber

Schaber

Schaber-Neck

# Felicitas

Felicitas, du g***e Braut

steig von deinem Hügel hrab

Swim

Swim Swim

Ah

Snorchel

Swim Swim Swim

Swim

fan-ga-el

## Swim 2

Swim Swim Snorchel

Swim Snorchel fan-ga-el

fan-ga-el

Swim Swim Snorchel Snorchel

Snorchel

Di-di-di-di-dididi

Di-di-di-di-dididi

lobin practicas

lobin practicas

Di-di-di-di-dididi

## Dui-Dui

Dui Dui dui

Dau

Dui

Daudui

(He, He, He)

## Felicitas

[english]

Felicitas, you h***y maid

climb down your hill inter-me-di-ate

# Epilog

## Dau-Dauut

www.ingramcontent.com/pod-product-compliance
Lightning Source LLC
LaVergne TN
LVHW041527190726
843491LV00009B/2968

* 9 7 8 3 8 1 9 2 9 4 7 8 5 *